AF252427

LE DROIT AU TRAVAIL

ET

LA RÉVOLUTION.

Paris. — Imprimerie SCHNEIDER, rue d'Erfurth, 1.

LE
DROIT AU TRAVAIL

ET LA

RÉVOLUTION

PAR

EUGÈNE RENDU.

II

Prix : 15 centimes.

PARIS
AU COMPTOIR DES IMPRIMEURS-UNIS,
QUAI MALAQUAIS, 15.

—

1848

BIBLIOTHÈQUE NATIONALE · IMPRIMÉS · R. F.

LE
DROIT AU TRAVAIL

ET LA

RÉVOLUTION.

II

Sous la main du Christianisme, l'humanité marche, et ne se repose pas : la révolution de 89, résolvant la question de la liberté du travail, nous léguait cet autre problème : le droit au travail. Longtemps comprimé, aujourd'hui ce problème éclate ; il éclate en une crise redoutable. Cette crise est l'*effet* ; l'oubli du droit est la *cause*.

L'*effet* accable le présent ; la *cause* menaçante dans le passé, l'est encore dans l'avenir. L'effet est la maladie qui passe, la cause est le germe qui demeure. Il faut échapper au premier, attaquer et peu à peu détruire la seconde. Contre l'effet, des expédients ; contre la cause, des remèdes, des remèdes durables comme la cause.

Regardez donc la situation en face ; plus de vertige, mais du calme ; plus de passion, mais de la force.

A l'heure qu'il est, point de travail : Pourquoi ? pour deux raisons : 1° on consomme peu ; 2° relativement à la demande, les bras surabondent (1).

Sur la consommation que pouvez-vous ? Rien. Quels sont ses agents ? Les capitaux, mieux encore, le crédit. Or, les capitaux se cachent ; le crédit est mort. La force ne fera pas jaillir les premiers ; un décret, comme une parole magique, ne ressuscitera pas le second.

Mais à la surabondance des bras pouvez-vous remédier ? Oui. Si vous le pouvez, le devez-vous ? Oui.

Or, vous avez sous la main, non plus seulement à la portée du sabre, mais à la portée d'un décret, vous avez ce que nul pays n'a ja-

____

(1) Je dis *relativement*, car l'offre générale serait telle, en France, s'il y avait confiance et crédit, que les bras n'y suffiraient pas.

mais en ; ce que, sous le cercle de fer qui étreint ses ouvriers pour les refouler dans l'agonie, vous envie l'Angleterre ; vous avez non pas une terre d'exil, mais une seconde patrie où déjà se pressent vos administrateurs, vos magistrats, vos soldats et vos prêtres ; où il manque, quoi ? le peuple ; vous avez une double France, et dans la première, le vide, dans la seconde le trop-plein ; dans l'une, l'industrie qui repousse les bras, dans l'autre, l'agriculture qui les implore ; ici, le désespoir qui souffle le pillage, là-bas, le travail qui enfante la propriété ; en deçà de la mer, la stagnation créant la misère, la misère perpétuant la stagnation ; au delà, la production sollicitant le travail, et le travail fécondant la production ; vous avez cela, vingt mille ouvriers vous implorent, vous avez cela, et vous hésitez (1) !

(1) Le plan est fait, les comptes sont là. Depuis trois mois le comité de l'Algérie délibère. En effet, rien ne presse, l'hiver est si loin ! D'ailleurs, n'a-t-on pas à réviser la police de la chasse, à batailler sur le *Journal de la République*, et à décréter la buvette ? — 40,000 célibataires seraient immédiatement répartis en 300 fermes dans la zone militaire ; au bout de trois ans, chacun des colons recevrait en propriété 10 hectares, 3 défrichés, 7 en friches, sans compter la retenue capitalisée,

Vous pouvez, en y faisant le vide, donner place dans nos ateliers aux affamés qui frappent à la porte, et bientôt mourront sur le seuil ; vous pouvez rétablir la circulation dans les membres, alors que, refluant vers le cœur de la France, le sang y bouillonne pour l'étouffer ; et vous reculez devant ce mot : *point d'argent*. Eh quoi ! pour l'œuvre du salut public, il n'y aurait pas encore *deux* francs dans la bourse de vingt millions de Français! Pourquoi, dans toutes les communes de France, ne pas ouvrir une souscription nationale ? Pourquoi ne pas décréter cette souscription, ne pas la décréter demain ? Pourquoi ?

. Et si ces deux francs tenaient trop au cœur,

soit 900 francs. — Les familles seraient établies dans les villages (zone civile). Par 20,000 hommes (célibataires) dans le plan des fermes d'acclimatation, il en coûterait, tout compris, 10 millions.

J'ai donné ailleurs les détails pratiques sur lesquels je ne puis insister ici. M. Chambolle a senti l'immense portée de l'œuvre de la colonisation. (Voir le *Siècle* du 24 juillet, du 14 et du 17 août.) — Quant aux rapports déjà présentés par le comité d'Algérie, il est impossible de soupçonner, on les lisant, qu'il existe une corrélation quelconque entre la question d'Algérie et la situation économique de la France. — Il a fallu que 20,000 ouvriers signassent une pétition pour qu'on se dise : Il y a quelque chose à faire.

si cela était, le but est devant vous ; marchez : rentiers, capitalistes, propriétaires de biens-fonds, industriels, tous sont épuisés par la crise ; seuls les fonctionnaires n'ont pas fait de sacrifices à la hauteur de leur zèle : Allez à eux, et l'Algérie sauve la France (1) !

C'est révolutionnaire ! dites vous ; et après ? est-ce juste ?—Oui.—Est-ce efficace?—Oui.—En

(1) Une mesure financière isolée est sans effet, si on l'applique aux besoins généraux ; mais un but spécial, elle l'atteint. — On ne toucherait pas aux traitements qui ne montent pas au-dessus de 2,000 francs. — 24,421 traitements s'élèvent de 2,000 à 4,000 francs. — Ceux-là subiraient une retenue calculée, en sorte que sur le total 2,000 francs restassent intacts, en moyenne, 722 francs. — Quant aux traitements de 4,000 francs et au-dessus, demandez-en la moitié : vous-mêmes, n'oubliez pas que vous êtes les premiers fonctionnaires, et qu'en toutes choses, vous devez l'exemple, citoyens représentants. — La somme obtenue s'élèverait à 49 millions.

La retenue de moitié (pour une année), ne porterait que sur 8,565 traitements, dans toute l'étendue de la France, de l'Algérie et des colonies. — La consommation ne souffrirait pas d'une mesure qui porterait sur un si petit nombre d'hom-

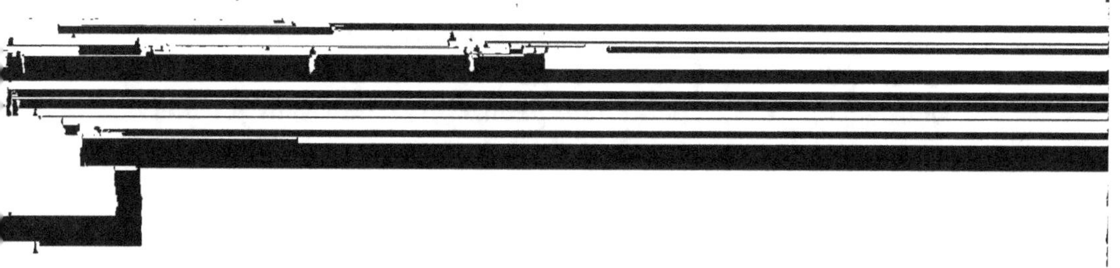

garantissant le transport gratuit, le travail, et, au bout de trois ans, la propriété à 80,000 ouvriers (de Paris, de Lyon, de Lille, de Rouen, etc.), assurez-vous la mise en valeur de l'Agérie ?—Oui. —Convertissez-vous une cause de ruine en une cause de richesse ?—Oui (1).—Et surtout en faisant dans l'industrie continentale au profit de l'Algérie, un vide de quatre-vingt mille hommes, ne créez-vous pas du travail à quatre-vingt mille ouvriers qui les remplacent ? — Oui.—N'est-ce pas la vie rendue à cent soixante mille de vos frères ?—Oui.— N'est-ce pas le mouvement et la circulation rétablis ? — Oui.

Devant un tel but peut-on hésiter ? — Non.— Concluez donc, et décrétez.

Pour Dieu ! ne saurons-nous que *réprimer*, quand il faudrait *prévenir* ? Nous réprimons la misère par l'aumône ; et nous devrions la prévenir par le travail. Prenez garde ! dans cette crise

(1) On sait que l'Algérie absorbe chaque année 100 millions.

Depuis 17 ans, la France a dépensé en importations de céréales plus de 600,000,000 francs. — Or, la province de Constantine, à elle seule, nous déchargerait du tribut que nous payons à l'Amérique et à la Russie.

qui nous dévore, tous cherchent l'auteur du mal, et le cherchent pour le maudire. Les uns crient : royauté ! les autres : République ! et moi, je réponds : devoir méconnu, droit blessé !

Droit blessé ; car le droit de ces hommes *valides* à qui vous jetez la pâture, leur droit (je l'ai prouvé) c'est *de vivre* par *le travail*. Devoir méconnu ; car votre devoir à vous, représentants de la société, c'était, c'est de les *faire vivre* par le travail.

Il vous a paru loisible de substituer dans un décret, l'assistance au travail, de mettre un droit à la place d'un droit, un devoir à la place d'un devoir. Mais le juste n'est pas à la merci d'un vote, non ; et le juste, ici comme ailleurs, le voyez-vous maintenant? marchait de pair avec l'utile. Le *travail* nous sauvait, mais l'*assistance* irrite la crise ; le travail nous sauvait, l'assistance creuse l'abîme ; le travail nous sauvait, et voici qu'un à un, dans ce gouffre de la misère, vous engloutissez vos millions (1) ! Vous avez

(1) 267,000 ouvriers reçoivent des secours en nature. 20,000 sont assistés dans le 10e arrondissement, le plus riche de Paris, cependant ! (Rues de Grenelle, Saint-Dominique, de

ou peur du travail, aujourd'hui vous avez peur de l'aumône; et vous avez raison ; car où vous

Varennes, de l'Université, quai Voltaire, etc...) La dépense journalière est de 117,000 francs, dépense totalement improductive. Encore ne permet-elle de donner à chaque membre de la famille secourue que 3 kilogrammes de pain, en 10 jours, et 1 kilogramme de viande, pour toute une famille, quelque nombreuse qu'elle soit. — Cette aumône ne donne rien ni pour le vêtement, ni pour le loyer. Aussi, visitez les habitations des faubourgs Saint-Marceau, Saint-Antoine, ou les rues de la *Petite-Pologne!* Si depuis quelques semaines le Mont-de-Piété prête moins, hélas ! c'est que beaucoup n'ont plus rien à y porter. —Au faubourg Saint-Marceau, dans une seule maison, sur 38 familles indigentes, 10, il y a huit jours, ne possédaient plus de bois de lit ; plusieurs n'ont qu'un grabat ou une botte de paille pour 4, 5 et 8 personnes, garçons et filles, malades et bien portants, entassées pêle-mêle. Même état de choses dans des centaines de maisons : mais je ne parle que de ce que j'ai vu de mes yeux.

Voilà ce que peut l'*assistance*, appliquée aux individus valides. Qu'on l'avoue ou qu'on ne l'avoue pas, en fait, on reconnaît ce droit à l'assistance. Eh bien ! la question est de savoir si à ce droit, dont l'application faite à faux est notoirement désastreuse, on substituera, en l'écrivant dans la Constitution, le droit dont je parle, le droit au travail.

En Angleterre, le droit à l'assistance, le *poor laws*, consacré par Élisabeth, a produit ce fléau du paupérisme qui nous menace dans l'avenir, et qui momentanément nous dévore. — Or, l'Angleterre a reconnu sa faute : en 1834 la nouvelle loi sur les pauvres a converti le droit à l'assistance en droit au travail. — Et voici des chiffres significatifs :

Antérieurement à 1834, le montant annuel des charges im-

arrêterez-vous ? Comptez : est-ce que mieux ne vaudrait pas cent fois donner en quinze jours au premier ce qu'en un mois vous jetez à la seconde ? Votre aumône stérile entretient ce qu'il faut de vie pour savourer la douleur ; que produit-elle ? Chez qui la donne, l'épouvante ; chez qui la reçoit, le désespoir ; chez tous, elle tue la foi dans l'avenir, car elle est la révélation publique et permanente d'un mal qu'elle perpétue en le consacrant.

Que faire, donc ? — A tout prix, pendant que vous déverserez le trop-plein sur l'Algérie, à tout prix, en occupant les bras, ranimez l'industrie mourante. Mettez fin à l'inaction d'un capital immense ; *utilisez* pour la production la même

posées par la misère dans le royaume-uni s'est élevé jusqu'à... 242,125,000 francs;

Depuis 1834, grâce à l'application du droit au travail, les charges ont progressivement diminué :

En 1834	—	171,975,000 fr.
1835	—	150,150,000
1836	—	128,875,000
1837	—	110,600,000
1838	—	111,100,000
1839	—	118,225,000

Est-ce clair ?

somme qu'aujourd'hui vous *perdez*. Ouvrez un crédit aux patrons ; qu'ils rappellent leurs ouvriers ; employez les bras des pères à bâtir pour leurs enfants des asiles et des écoles, pour ces enfants dont la misère flétrit l'âme et brise le corps (1) ; du travail à tout prix : hâtez-vous, l'hiver est là !

(1) Ces enfants sont appelés à exercer un jour les droits des citoyens ; et ils s'élèvent dans l'ignorance complète de tout devoir et de tout droit ! Il faut pourtant se le dire, et se le dire sérieusement : le gouvernement républicain appelant tous les citoyens à prendre part à la *chose publique* (et c'est là ce qui en fait l'excellence), suppose, dans ces citoyens, de fortes vertus, vertus privées, vertus publiques. Nulle part, plus directement que sous un gouvernement républicain, les mœurs ne réagissent sur les institutions ; nulle part, donc, l'éducation ne doit préoccuper plus vivement l'attention du législateur. En monarchie, les mœurs peuvent être mauvaises, le gouvernement ne fonctionne pas moins ; la corruption, cela s'est vu, peut même devenir un instrument. En République, tant valent les citoyens, tant vaut le gouvernement ; qu'on y songe ! — Or, à Paris même, les écoles et les salles d'asile font défaut : dans le 1er arrondissement, 200 enfants ne peuvent trouver place aux salles d'asile ; dans le 2e, 800 et plus; dans le 3e, id.; dans le 5e, id.; dans les 6e, 8e, 9e, 800 ou 600; dans le 12e, au seul asile de la rue de la Glacière, 800 enfants sont inscrits sans pouvoir être reçus. Pour tout le faubourg Saint-Marceau, il n'est *qu'une* salle d'asile ; 1,800 enfants de 2 à 7 ans se traînent dans les rues ou restent entassés en d'horribles taudis. Dans ce même quartier, 200 à 300 enfants (garçons de 8 à 13 ans) restent à la porte de chacune

Ainsi, colonisation, *travail* immédiatement substitué à l'*assistance* : moyens d'échapper à la crise, expédients du jour.—Mais à travers les maux du présent, voyez les menaces de l'avenir ; la crise passée, atténuée du moins, prévenez-en le retour ; l'effet détruit, attaquez la cause ; le travail rétabli, garantissez le droit au travail.

Pour garantir ce droit, que faut-il ? — Avant tout, garantir les moyens de l'exercer, garantir les instruments du travail. Ces instruments, comme la force qui les met en œuvre, sont d'une double nature : intellectuels et matériels ; ils se résument en deux mots : *instruction, capital.* — Sans l'instruction, comment féconder le capital ? — Sans le capital, que faire de l'instruction ?

des écoles devenues trop étroites. Beaucoup n'y sont pas reçus, parce que la misère empêche les parents de changer les haillons qui les couvrent en vêtements *convenables*. — Ne peut-on dire à la société qu'elle ferme les yeux sur les périls de l'avenir, et que sa volonté n'est pas à la hauteur de ses devoirs? — Ouvrez des écoles, vous fermerez des prisons; dépensez pour *prévenir* la moitié de ce que vous dépensez pour *réprimer* ; puis, dans vingt ans, faites vos comptes: vous jugerez.

Dans un Etat républicain, dans un Etat qui impose à tous les citoyens des devoirs égaux en leur conférant des droits égaux, dans un tel Etat, l'instruction et l'éducation doivent reposer sur ces principes :

Les différentes professions ou modes variés du travail, ne sont que les applications multiples d'une loi commune, la loi du travail, qui les nivelle en les consacrant toutes ;

Ces professions sont, dans leur variété, des postes divers, mais égaux, tous également postes d'honneur, où les travailleurs, soldats de la même idée, peuvent mériter au même titre ;

Chacune de ces professions, rouages différents, mais indispensables du mécanisme social, est digne d'absorber l'activité de l'intelligence, parce qu'elle l'absorbe au profit commun (1).

(1) Ceci n'est que l'énoncé philosophique du dicton connu : *Il n'y a pas de sot métier; il n'y a que de sottes gens.* Malheureusement, ce proverbe, s'il est sur les lèvres de tous, n'est dans l'esprit de personne. — Le principe diamétralement opposé guide notre société et en est le fléau. C'est lui qui, au nom de la vanité la plus malentendue, égare les aptitudes naturelles en faussant les vocations. C'est lui qui encombre les collèges de tous ces rachitiques de l'intelligence, qui, après avoir, huit années durant, mené leur barque dé-

Tant que ces principes ne prévaudront pas, il faut rayer ce mot qui, sur les monuments, nous poursuit de son ironie : *Fraternité*.

Tant qu'ils ne prévaudront pas, il faut parquer la société en deux *classes* : classe *inférieure*, classe *supérieure*.

Tant qu'ils ne prévaudront pas, l'habit, rencontrant la blouse, lui dira : Passe au large (1) !

mâtée envers et contre tous les écueils du latin et du grec, avec quelle gloire, Dieu le sait ! s'en vont sombrer au baccalauréat. — Tel jeune homme ferait un bon agriculteur, utile à soi et aux autres : « Fi donc ! va, mon ami, va au collège, puis, deviens-nous clerc d'huissier ; tu porteras habit, iras en ville, et t'appelleras un *monsieur*. » — Tel autre se croit fort au-dessus du travailleur manuel, parce qu'il emploie son intelligence à copier des paperasses, du matin au soir, dans un bureau : cela s'appelle une *profession libérale*.

L'encombrement des villes et l'abandon des travaux agricoles, la multiplicité des vocations avortées et des existences inutiles, tiennent en grande partie à cet absurde dédain pour le travail manuel : dédain aussi irrationnel qu'il est anti-chrétien. Le Christ, dans la boutique du menuisier, a dit, ce semble, au travail manuel et au travail de l'intelligence : Vous êtes frères. — Les couvents, dans l'esprit de leurs fondateurs, étaient les ateliers de ce double travail.

(1) Remarquez le langage des enfants, ce miroir fidèle des préjugés qui les entourent : pour désigner ce qu'on appelle un homme du peuple, ils disent : « Ce n'est pas un *monsieur*, c'est un *homme*. » Cette antithèse exprime, dans sa naïveté, le bouleversement de la pensée.

Il faut pourtant se résigner au radicalisme chrétien : « Si

Pour que la vanité, faisant rougir l'enfant de la profession de son père, ne fausse pas la direction naturelle de ses facultés, montrez-lui, au moyen de l'instruction professionnelle spéciale, complément obligé de l'instruction primaire, dans quelle proportion il peut, l'égal des plus fiers, développer ces facultés au profit de la richesse commune et au sien propre. — Vous le pouvez, vous le devez : Qu'est-ce qu'une faculté ? — Un germe déposé au fond d'une âme, dans un but marqué par Dieu ; et le développement de ce germe est la condition de l'harmonie générale, dont elle est un des éléments. — Etouffer une faculté, c'est donc briser un instrument providentiel, c'est entraver, dans la mesure possible, la réalisation du plan divin ; étouffer

vous avez égard à la condition des personnes, vous commettez un péché !... S'il entre un homme qui ait un anneau d'or et un habit magnifique, et qu'il entre aussi quelque pauvre avec un méchant habit, et qu'arrêtant votre vue sur celui qui est magnifiquement vêtu, vous lui disiez : « Asseyez-vous ici ; » et que vous disiez au pauvre : « Tenez-vous là, debout ; » n'est-ce pas *faire une différence en vous-même entre l'un et l'autre et suivre des pensées injustes ?* »

Qui a dit cela ? — Ce n'est pas Rousseau ; ce n'est pas M. Proudhon ; c'est saint Jacques. (Ep. ch 2.)

une faculté, c'est donc un crime : crime privé, si l'individu laisse périr par lâcheté ou vicie par l'abus, le germe qui reposait dans son sein ; crime social, si la constitution d'une société est telle que ce germe, dans l'individu, soit nécessairement ou vicié, ou condamné à périr. Combien est immense la responsabilité de l'individu, je le sais ; mais que la société elle-même s'interroge, et qu'elle se juge (1) !

(1) « Le but de l'instruction doit être d'amener le travail des citoyens à être le plus fructueux possible, par suite de l'habileté professionnelle, de l'emploi judicieux des procédés les plus parfaits, des meilleurs tours de main. » (Laboulaye.) En fait d'éducation professionnelle, la France est en arrière de l'Angleterre, de l'Allemagne, et même de l'Italie. — Particulièrement dans le Wurtemberg et dans le grand-duché de Bade, presque toutes les villes et bourgs ont leur école d'industrie. — En Italie, je citerai *Saint-Michel* et l'hospice de *Sainte-Marie-des-Anges*, à Rome ; à Turin, l'*Albergo di Virtù* et la *Divine-Providence* ; à Rivoli, l'*Ospizio capello* ; à Carmagnole, l'*Opera pia Cavalli* ; à Brescia, la *Scuola delle arti* ; à Naples, l'*Albergo de' poveri*, etc. En France, que citer ? l'école de la Martinière, à Lyon, et l'établissement fondé par la *Société industrielle* de Nantes ; — à Paris, une seule maison existe : la maison de *Saint-Nicolas*, dirigée par M. de Bervanger ; encore n'est-elle pas soutenue par le gouvernement. Et pourtant 4 ou 5 maisons de ce genre pourraient à peine contenir les enfants qui, au sein de nos quartiers les plus populeux, grandissent dans les angoisses de la misère morale et physique.

L'instruction acquise, l'ouvrier peut il travailler? — Non. — Il lui faut l'instrument matériel de la production, le capital. Ce capital, il ne le possède pas; il doit donc l'emprunter, il a besoin de trouver *crédit*.

Aujourd'hui, pour féconder son travail, l'ouvrier pauvre ne peut emprunter. Pourquoi? — Parce que, aux mains de l'intérêt privé qui l'exploite, le crédit ne lui est pas accessible; parce que, d'ailleurs, l'ouvrier n'a point de gage qui puisse répondre de son emprunt (1). — Il faut donc tendre à un double but : le capital, par un système de crédit qui ne soit plus une spéculation fiévreuse, doit être mis peu à peu à la portée de tous. (2) — Le pauvre, lui aussi, doit pouvoir fournir un gage, condition forcée de l'emprunt. — Quel est le gage dont l'ouvrier dispose? —

(1) Il est difficile de considérer comme ressources pour le crédit la couverture ou l'armoire de 3 fr. que le pauvre, sous la menace du terme, va porter au mont-de-piété.

(2) Au moyen des banques communales sous la surveillance de l'État. Ce système de banques, comme l'a prouvé l'expérience tentée à Rouen avec plein succès par M. Auguste Barbet, en 1830, permettrait de commanditer le travail industriel et agricole.

Son travail. — Or, le travail de l'homme isolé est-il un gage réel? — Non. Ce gage est incertain comme la santé et la vie; il n'a donc point de valeur vénale. — Mais, si l'individu associe à son intérêt des intérêts solidaires, si sa promesse est la promesse d'une association, cette promesse devient garantie, parce qu'elle devient valeur; elle trouve la force qui conquiert le crédit en triomphant de ses défiances (1).

Donc, organisation du crédit en vue de l'intérêt public, établissement d'associations entre les ouvriers des professions diverses: double but auquel il faut marcher.

Mais quoi! cette organisation du crédit, cette création de forces collectives, ne sont pas l'œuvre d'un jour. En attendant, les bras languissent dés-

(1) Quelquefois l'indigent est privé de métiers, instruments, outils nécessaires à sa profession. Souvent il exerce une profession qui suppose un approvisionnement de matières premières; souvent aussi, couvert des haillons de la misère, il n'ose se présenter là où il pourrait trouver de l'emploi; il s'éloigne même de ses anciennes relations, parce qu'il redoute les dédains, et ne veut point rencontrer de témoins de sa détresse. Il craint qu'une répugnance instinctive ne repousse sa misère, comme l'effet du vice ou l'indice de l'incapacité. — Dans ces différentes hypothèses, que peut l'ouvrier, si le crédit ne lui est pas accessible?

œuvres, sans puissance pour la production. Que faire? — Une seule chose, seule possible, seule nécessaire : ramener les monts-de-piété à leur institution primitive, rendre leurs prêts sur gage gratuits pour l'indigent (1), et en y introduisant

(1) Le mont-de-piété de Paris, s'il restreignait ses frais de régie qui se montent à la somme scandaleuse de 800,000 fr., compenserait aisément le déficit que lui causerait la gratuité de ses prêts aux indigents. — On ne sait pas assez que les trois quarts des sommes avancées par cet établissement passent, non pas aux mains des indigents, mais aux mains des personnes dont la condition suppose un certain degré de luxe. 380,000 articles, chaque année, comprennent l'argenterie, les bijoux, diamants, dentelles, cachemires, armes, bronzes, curiosités, etc. — Sur la somme totale, un quart seulement est prêté à des pauvres. — De plus, le mont-de-piété est remboursé plus régulièrement par ceux-ci que par les emprunteurs étrangers à la classe indigente. Près de la moitié des articles vendus se compose d'objets de luxe, d'une valeur moyenne de 14 à 64 fr., quoique ces objets ne forment qu'un cinquième des articles reçus en nantissement (de Gérando, *Bienf. publ.*).

Le prêt gratuit se fait à Zurich, à Sienne, à Novarre, à Trino, en France même, à Toulouse. A Hambourg, une caisse d'avances, destinée à *prévenir* la misère, offre des secours, 1° à tout artisan, dont le travail se trouverait suspendu par le manque d'outils, de matières premières; 2° à tout père de famille qui a été contraint de s'endetter en cas de maladie, ou pour l'éducation de ses enfants, et qui, pour acquitter les intérêts de sa dette, se voit privé des bénéfices de son travail; 3° à tout individu que le haut prix des loyers a forcé de mettre en gage des meubles et des vêtements. — Le rem-

le prêt sur caution (1), créer entre le riche et le
pauvre un lien nouveau de fraternité...

« Au fait! au fait! — L'instruction, le crédit,
ne sont qu'instruments de travail; mais le travail lui-même, mais la matière du travail, s'engager à les fournir, c'est s'engager à disposer en
maître et des capitaux et des matières premières;
reconnaître le droit au travail, c'est dire à l'ouvrier : « Demande et tu auras! » c'est déclarer
par un décret: «les ateliers nationaux sont en
permanence. »

Je réponds : non, un vice ne se guérit point
par un vice ; ne relevez pas les ateliers nationaux ; les ateliers nationaux, sachez-le, ont été

boursement s'opère par petites parties et dans des proportions
que permettent les moyens de l'emprunteur.

(1) Comme au *Monte de' Paschi* de Sienne.

« En secourant, vous dépouillez; vous mettez à profit le
pauvre même! Cet homme demande un remède, vous offrez
le poison; vous cherchez votre gain dans les larmes; vous
vous nourrissez de la faim d'autrui; vous vous estimez riches,
vous qui exigez des pauvres un salaire! »

« Le prêt à intérêt, vis-à-vis du pauvre, n'est jamais per-
mis. »

« L'usure est une variété du vol. »

Fi! au communisme! — Hélas! je vous dénonce saint Am-
broise, saint Thomas et saint Bernard.

le fruit de la négation du droit au travail, loin d'être enfantés par ce droit. Qu'étaient-ils ? — Une aumône déguisée, et, comme l'aumône, un moyen de *réprimer* la misère ; or, l'application du droit au travail aura pour effet de la *prévenir*. L'application de ce droit rend impossibles les ateliers nationaux ; car elle détruit leur raison d'être en protégeant les ateliers privés. Tenant ouverts les premiers, elle ferme les seconds.

Mais ce droit, comment l'appliquer ? — non pas en absorbant la force privée dans la force sociale, mais en invoquant celle-ci comme auxiliaire de celle-là. Ne faites pas du gouvernement l'entrepreneur universel, de l'ouvrier un esclave, que l'Etat manie à son gré sous condition de lui mesurer son pécule ; pour fonder le droit au travail ne tuez point la liberté du travail ; non. Mais si la concurrence est un principe vital, pourtant, dans ses élans emportés, comme le feu qui vivifie et dévore, elle aussi fait ses victimes. A ces victimes, l'Etat, providence visible qui au nom de tous veille sur chacun, l'Etat ne doit-il tendre la main ? Si l'Etat peut et doit réparer le mal, encore une fois, ne peut-il, ne doit il pas le prévenir? L'intervention d'un pouvoir protecteur, en rassurant l'ouvrier contre l'effet d'une invention nouvelle, d'un chômage fortuit, d'une crise qui éclate, ajouterait à l'énergie du travail ce que la sécurité ajoute à la force; en même temps, elle éloignerait du pays la menace de ces convulsions redoutables, qui ne sont, à les juger dans leurs causes, que l'explosion du désespoir.

Si l'État s'engageait, dans la constitution, à prendre, en cas de crise politique ou commerciale, l'initiative qu'il eût dû prendre il y a six mois ; s'il s'engageait à mettre, par un crédit sagement dispensé, les fabricants et les entrepreneurs en état de garder leurs ouvriers, et les associations d'ouvriers en état de ne pas se dissoudre, où serait l'empiétement sur les droits individuels (1) ? —Si, comme condition de cette

(1) Mais le moyen de faire face à cette addition imprévue au budget ? — Quelques mots sur ce point : la propriété foncière supporte en France une charge de plus de 1,400 millions, les deux tiers de son produit ; en même temps, son capital tout entier, en l'espace de moins d'un demi-siècle, fait retour aux caisses du trésor. Il faut la dégager. C'est un principe que cette sorte de propriété est, en temps de guerre, la matière

intervention protectrice, il statuait que les fabricants, entrepreneurs, associations, etc., qui prévoiraient la nécessité prochaine d'y recourir, devront par avance faire connaître à ses agents, la situation de leurs affaires, où serait le despotisme?

Si le taux de la journée payée au moyen du crédit ouvert par l'État, était inférieur aux journées ordinaires (la réduction étant proportionnelle au prix courant de chaque profession), où serait le péril de voir les ouvriers appeler de leurs vœux ou provoquer un chômage et une crise?

Si, des objets fabriqués sous le régime d'une main-d'œuvre moins chère, ceux qui n'auraient pas été écoulés pendant la crise, étaient retirés, la crise cessant, du commerce intérieur, où se-

imposable la plus précieuse. La guerre s'en va; les crises commerciales la remplacent. Ce qu'elle faisait pour la guerre, elle le fera pour ces crises. En temps ordinaire, ménagez-la, pour la trouver féconde aux jours du péril. Le dégrèvement peut s'opérer de deux façons: 1° par l'abaissement du prix des offices (les offices prélèvent aujourd'hui sur la propriété foncière, particulièrement sur celle du petit cultivateur, une redevance de 100 millions); 2° par une décharge proportionnée à la somme que produira l'impôt sur le revenu.

rait, pour les articles fabriqués ensuite sous le régime de la main-d'œuvre ordinaire, le danger de la concurrence (1) ?

Si enfin, l'Etat réservait ses commandes (les draps de l'armée, par exemple) pour les moments de chômage ; si, pour les industries dont les produits ne se peuvent exporter, comme l'industrie du bâtiment, il suppléait au défaut de commandes particulières par les travaux d'utilité publique ; ne ferait-il pas face aux devoirs dont la consécration du droit au travail lui aurait imposé l'accomplissement (2) ?

(1) L'infériorité du prix de revient de ces objets constituerait une prime à l'exportation. Je sais tout ce que l'on peut dire contre le système des primes. Mais, qu'on le remarque, la prime est ici, non pas un moyen auquel on recourt en vertu d'un principe, mais la simple conséquence d'un fait nécessaire.

(2) Dans le plan général doit entrer celui des *pensions de retraite* pour les ouvriers. La retraite est un droit pour le travailleur qui, trente ans durant, a taillé sa plume et usé ses hauts-de-chausses sur la chaise d'un bureau ; pourquoi n'en serait-elle pas un pour le travailleur dont les forces se sont épuisées à féconder le capital commun ? — Le temps de travail se constate au moyen du double livret.—La pension de retraite est payée, moyennant une retenue proportionnelle au taux de la journée, retenue déposée à la caisse du chef-lieu d'arrondissement ou de canton par quiconque emploie l'ouvrier.—Ces

« Soit ! Mais le droit au travail n'est-il pas le droit de tous ? Et l'homme de lettres, et l'avocat, et le médecin ? »

C'est vrai ; point ne voterai, pour celui-là des lecteurs ; pour celui-ci des procès ; pour le troisième on ne décrète pas le choléra ; c'est vrai. Mais, je vous prie, si les industries *de fond* ne chôment point; si les manufactures ne repoussent pas tout un peuple qui vit par elles, pour le jeter dans la rue (1) ; si l'armée des ouvriers (2)

retenues accumulées constitueraient l'épargne, épargne obligatoire et garantie par la loi.—Les retraites ainsi assurées offriraient un triple avantage : 1° sécurité pour l'ouvrier ; 2° décharge pour l'Etat, dont les obligations relativement à l'assistance diminuent en proportion du nombre de retraites acquises ; 3° remise aux mains de l'Etat de sommes considérables qu'il fait valoir, qu'il peut appliquer, par exemple, à la formation et à la consolidation du crédit par les banques communales.

(1) Je n'ai pas à m'occuper ici, on le sent, de la question politique autant qu'économique, des moyens d'assurer au dehors l'écoulement des produits, en d'autres termes, de la question des débouchés et des traités du commerce.—Seulement, en ce qui touche le libre échange, qu'on ne perde pas de vue le principe : *Les produits ne s'achètent qu'avec des produits.*

(2) Nos diverses industries, l'agriculture exceptée, emploient 17 millions d'hommes, de femmes et d'enfants.

(en soie, en tissus de laine, en cotons imprimés, en papiers peints, etc...) ne se trouve plus
en présence d'un ennemi que trop souvent,
hélas! elle a cru vaincre par les armes, la faim;
si le désordre, en un mot, ne se déchaîne point
sur la voie publique, fera-t-il rage dans le boudoir
de l'écrivain ou le sanctuaire de la basoche?

Que l'ouvrier reste dans l'atelier, et le capital,
toujours brave en l'absence du péril, le capital
se lancera sur la place; ce qui étant, les affaires
marcheront; les affaires marchant, les gens
d'affaires se querelleront, et vivent les querelles! l'avocat plaidera; ce qui étant, les
maux de nerfs ne seront plus forcés, chose
dure! de se guérir tout seuls, et le médecin ordonnera; ce qui étant, le petit rentier demandera vaudevilles, feuilletons, romans nouveaux; et Dieu aidant, si esprit il y a, l'homme
de lettres vendra son esprit.

Oui, à la population qui alimente nos grandes
industries, donnez le travail; vous le donnez à
tous; pour elle, consacrez le droit au travail,
le droit au travail est consacré pour tous. Cette
population est le fondement de l'édifice; le fon-

dement s'ébranlant, tout s'ébranle. Assurez donc le fondement, et ne pensez au reste.

Ce que j'ai dit des professions *libérales*, je le pourrais dire des industries de luxe. — Mais je raisonne ainsi :

Le droit au travail, dans son application, a pour but *la répartition permanente, sur la tête de chacun, de la richesse générale.*

Pour que cette répartition soit possible, que faut-il ? — Il faut que la richesse générale augmente chaque jour; en sorte que, chaque jour, tout membre de la communauté y participant dans une plus large mesure, le bien-être de l'un ne soit pas au prix du bien-être de l'autre.

Donc, toute industrie qui accroîtra la richesse générale, en d'autres termes, tout emploi *productif* de valeurs (capitaux, matières premières), favorise l'application du droit au travail, en la facilitant; donc aussi une industrie dont tout le résultat est de transformer une valeur sans l'accroître, plus encore, qui retire cette valeur de la circulation; une industrie d'une telle nature est hostile, dans sa tendance, à l'application de ce droit. Or, l'industrie qui transforme sans accroître, qui, en immobilisant la richesse, paralyse sa puissance de production, est ce que j'appelle une industrie *de luxe*. — *Production, non-production*, tout est là ; ces deux mots suffisent pour trancher la question du luxe dans ses rapports avec le droit au travail. — Et comme le droit au travail n'est qu'une des deux formes sous lesquelles se produit ce droit principe, le droit de vivre, le luxe, par toute société intelligente et juste, le luxe doit être dénoncé comme un ennemi (1) ; le luxe,

(1) Une industrie de luxe peut produire, à qui l'exploite, d'énormes bénéfices ; on peut accumuler, au moyen du luxe, d'immenses capitaux. — Voilà bien une richesse produite, dira-t-on. Non, ce n'est qu'une richesse déplacée, et qui, en se concentrant, profite à un seul, sans accroître le patrimoine commun. Je dépense un capital de 50,000 fr. dans l'industrie des meubles dorés. Voilà 50,000 fr. qui n'ont rien ajouté à la richesse générale. — Au contraire, je dépense 50,000 fr. dans une entreprise agricole ; ces 50,000 fr. ajoutent : 1° à la terre cultivée une plus-value ; 2° les fruits du sol ; ils ont été éminemment productifs. — Cependant, en vendant les meubles dorés je réalise un bénéfice plus considérable qu'en vendant les fruits du sol. — Oui, il y a une concentration de capitaux entre mes mains, dans le premier cas ; mais la masse générale des capitaux n'est pas augmentée, tandis qu'elle s'est accrue, dans le second. — C'est la question du produit *brut* et du produit *net*. — Or, le but de la science

c'est la parure de l'égoïsme ; le luxe, c'est l'absorption de la richesse que la vanité rend stérile ; le luxe, c'est une confiscation.

« Mais, quoi ! ce galon de mon laquais, a pendant trois jours employé le travail d'un homme. » — Et si, pendant trois jours le travail de ce même homme se fût appliqué à l'habillement de quelques va-nu-pieds ? — avec ou sans galons, votre laquais vous eût servi de même ; — et si ce malheureux eût porté un vêtement, au lieu de montrer sa peau à travers ses guenilles, il n'eût pas rougi de se présenter chez un patron. Avec une blouse à la place de haillons, cet enfant fût entré à l'école, au lieu de pourrir dans son taudis (1).

ne doit pas être la réalisation de cette pensée égoïste : *Arriver au plus grand produit net possible*, mais la solution de cet autre problème : *Réaliser la plus grande masse possible de produits, en sorte que la consommation soit à la portée du plus grand nombre d'hommes possible.*

(1) Il n'y a pas ici d'hyperbole. — Il n'y a que l'expression de la plus stricte vérité. Dans une seule maison de la rue des Lyonnais, une vingtaine d'enfants ne peuvent être admis à l'école, pour la raison que je donne.

« Malheureux que vous êtes ! que répondrez-vous au grand Juge ?... Vous couvrez de tapisseries la nudité de vos mu-

Vos plats d'argent, que produisent-ils? —
Rien. — 80,000 fr. en vaisselle plate, c'est
80,000 fr. enfouis dans votre armoire. — Eh !
ces 80,000 fr., si vous l'aviez voulu, comman-
ditaient ce magasin ; tout en rapportant intérêt,
ils sauvaient le travail de cent ouvriers. Mais
la vanité, immobilisant cette valeur, a tué sa force
de production (1).

Voilà le luxe (2).

« De grâce, faut-il, pour conclusion, décréter
le luxe d'accusation et renouveler les lois somp-
tuaires, et ne couvrez pas de vêtements celle des hommes !...
Vous parez les chevaux de housses précieuses, et vous mé-
prisez votre frère qui est couvert de haillons !... » (Saint
Basile, *de Divit. et Paup.*) — Je ne cite pas ce qui suit, ne
voulant point scandaliser.

(1) La pensée chrétienne enfante, ici encore, les mêmes
conclusions que la science : « L'argent que vous cachez est à
ceux qui sont ruinés. » (Saint Basile.) — « Ne donnant pas
aux autres, ils deviennent meurtriers et homicides ; retenant
pour eux seuls le bien qui aurait soulagé les pauvres, on peut
dire qu'ils en tuent tous les jours autant qu'ils en auraient
pu nourrir. » (Saint Grégoire le Grand.) — Décidément, ces
Pères de l'Eglise sont fort exaltés.

(2) « Le capital qu'on refuse de donner à ses fantaisies
peut servir à alimenter des industries utiles. On multiplie le
nombre des travailleurs qui s'occupent de la production des
objets raisonnables, au lieu de multiplier ceux qui travaillent
à des futilités. » (Garnier. *Elém. de l'Econ. pol.*)

tuaires ? — Non ; d'immenses capitaux sont engagés dans les industries de luxe ; vous ruineriez et les maîtres de ces capitaux et les ouvriers qu'ils emploient. D'ailleurs, en matière de luxe, les lois sont des hors-d'œuvre. Ce ne sont pas les lois qui dirigent la production, ce sont les mœurs.

Agissez donc sur les mœurs ; les yeux sur l'avenir, modifiez-les selon votre pouvoir ; modifiez-les sous l'impulsion de ce principe : Il faut détourner peu à peu les capitaux des industries de luxe , car tout emploi improductif d'une valeur est un amoindrissement de la richesse générale et une mauvaise action.

Cela est dur, à vous qui viviez de plaisirs ; cela est dur, à vous qui vous disiez : « Mon luxe est le pain du pauvre. Pour lui payer ma dette , qu'ai-je à faire ?— A jouir. » — Et vous avez joui ; et dans l'illusion de la jouissance, une voix vous répétait : C'est bien. Et voici que cette jouissance était la ruine de vos frères , et votre luxe concentrant, stérilisant le capital , peu à peu faisait le vide autour du pauvre , et confisquait le *droit au travail*.

Oui, le droit au travail dans son application, le droit au travail, provoque parmi nous des modifications profondes ; oui, il suppose l'instruction professionnelle, donnée à tous, le crédit mis à la portée de tous ; oui, il entraîne un système de garanties contre le chômage et les crises ; plus encore, il imprime à nos mœurs une direction nouvelle ; oui, dans toute la force du terme, il impose une RÉFORME SOCIALE.

Or, je le répète, la révolution de février est cela, ou elle n'est rien.

Cette réforme, vous ne la voulez pas ; vous repoussez (1) ce droit au travail dont elle serait la condition.

Réfléchissez : en rejetant le droit au travail,

(1) Je lis dans le nouveau projet de constitution publié aujourd'hui (30 août) : « La République doit la subsistance aux citoyens nécessiteux, soit en leur procurant du travail, *dans les limites de ses ressources*, soit... etc.. » Ces mots : *Dans les limites*, etc., signifient : point d'engagement. — Le projet de 1848 promet donc beaucoup moins que la constitution de 1793, qui, admettant le droit au travail, en voulait les conséquences, et n'avait point parlé de cette restriction, qui est une négation : *Dans les limites de ses ressources*. Qui sera juge de ces limites ?

vous proclamez le droit à l'aumône (1). De ces deux droits, lequel est le plus digne et du pays et de vous ?

D'ailleurs, nier un droit, est-ce le supprimer ? nier un droit, n'est-ce pas doubler sa force ?

Quand un homme est armé d'un droit, on peut le tuer, non le vaincre.

Et quand ce droit, de la conscience d'un homme est passé dans la conscience des masses, il ne reste plus qu'à l'écrire dans la constitution du pays ; il ne reste plus, en saluant son avénement, qu'à proclamer sa souveraineté.

« Car, disait Napoléon, il y a deux puissances dans le monde, le sabre et l'esprit, et, à la fin, l'esprit tue le sabre. »

(1) Depuis six mois, fait-on autre chose qu'appliquer ce droit à l'aumône ? (Ateliers nationaux ou distributions à domicile.)

Paris. — Imprimerie SCHNEIDER, rue d'Erfurth, 1.